Carmen Rohrbach

EINE REISE WEIT ZU MIR

Entdeckungen auf
dem Jakobsweg

Friedrich Bahn Verlag

Reproduktionen: PageLine, Duisburg
Satz und Druck: Jacob Druck GmbH, Konstanz
Alle Fotos: Rohrbach, München
Printed in Germany
ISBN 3-7621-3413-8
Bestellnummer 303413

UNTERWEGS WOHIN?

Ein nicht vorstellbar langer Weg lag vor mir. Noch nie in meinem Leben bin ich zu Fuß eine so weite Strecke gegangen. Fast 1000 Kilometer wollte ich pilgern, von den Pyrenäen bis Santiago de Compostela und weiter nach Finisterre, dem mittelalterlichen Ende der Welt. Als ich zum erstenmal vom Jakobsweg hörte, war in mir sogleich der Wunsch entstanden, diesen Weg zu erleben. Warum? Ich wußte es zunächst nicht.

Seit im 9. Jahrhundert nach Christi Geburt das Grab des heiligen Jakob des Älteren gefunden wurde, sind Tausende von Menschen aus allen Teilen Europas dorthin aufgebrochen. Warum wagten sie eine Pilgerreise, einen Weg ins ferne Galicien, voller Mühsal, Entbehrungen und Gefahren? Ich wollte dem nachspüren, wollte nachempfinden, erfühlen und erfahren, was die geheimnisvolle, magische Anziehung des Weges nach Santiago de Compostela ausmachte.

Als ich dann unterwegs war, trat in mir eine Wandlung ein, eine Verschiebung vom Äußeren zum Inneren. Ich erlebte, daß der Weg nach Santiago auch ein Weg ist, um sich selbst zu finden. So mag es auch früheren Pilgern ergangen sein. Schritt für Schritt gewann der Pilger neue Erfahrungen und neue Einsichten. Er mußte körperliche Beschwerden auf sich nehmen und überwinden, sich freimachen von der geborgenen, sicheren Form seines bisherigen Lebens und schöpfte dafür eine geistige, spirituelle Kraft. Obwohl der Pilger den Sinn seiner Fußwallfahrt vor allem im Jenseits sieht, wird er auch im Diesseits belohnt, durch die bessere Erkenntnis seiner selbst. Damals wie heute folgt er den Spuren derjenigen, die vorausgegangen sind, und ist damit ein Glied in der Kette derer, die nachfolgen werden.

DER ANFANG

Wie ein Wall stellen sich die Pyrenäen dem Pilger auf seiner Reise nach Santiago de Compostela entgegen. Dahinter erwartet ihn ein Weg, der wie eine einzige große Ader den gesamten Norden Spaniens durchzieht. Aber zunächst muß er die Kraft finden, seine gewohnte Umgebung, das Vertraute zu verlassen, um sich für die Zeit des Pilgerns der Ungewißheit und der Fremde auszuliefern. Konfrontiert mit der Härte des Anfangs, muß er neben der seelischen Belastung auch mit der großen körperlichen Anstrengung zurechtkommen. Aber nach Überwindung der Pyrenäen ist eine der schwierigsten Etappen gemeistert und das Ziel nicht mehr so unerreichbar fern. Alles, was an Mühsal und Beschwernis folgt, wird dann für ihn leichter zu überwinden sein.

DER WEG

Die Anlässe sind unterschiedlich und die Gründe vielfältig, warum sich Menschen auf den beschwerlichen Weg nach Santiago begeben. Im Mittelalter war es oft ein Gelübde, das es zu erfüllen galt, oder ein Bußgang, um eine schwere Sünde zu tilgen. Viele hofften auf Linderung oder Heilung ihrer Krankheiten und Wunden. Andere wiederum suchten Rat und Hilfe bei der Bewältigung ihrer alltäglichen Probleme, und einige versuchten gar einen generellen Ablaß für alle ihre Verfehlungen zu erhalten. Daneben gab es immer wieder Menschen, die sich allein aus Neugier und Abenteuerlust auf den Weg machten oder sich einfach einer körperlichen Herausforderung stellen wollten. Und doch ist da noch etwas anderes, Übergeordnetes im Spiel. Bei allen Menschen, die den Jakobsweg gehen, schwingt etwas mit, was ihnen am Anfang noch nicht bewußt sein mag. Es ist das unbestimmte Gefühl einer Sehnsucht, dem Leben Sinn und Erfüllung zu geben. Der Pilgerweg symbolisiert das lebenslange Suchen des Menschen nach einem Lebensziel. Wer den Weg bewußt geht, erfährt, daß der Glaube ihn ans Ziel führt.

WER DAZ ELEND BAUEN WIL

(In die Fremde gehen)

Wer daz elend bauen wil
der heb sich auf und sei mein gesel
wol auf sant Jacobs straßen
Zwei par schuech der darf er wol
ein schüssel bei der flaschen.

Ein breiten hut den sol er han
und an mantel sol er nit gan
mit leder wol besetzet.
es schnei es regn es wehe der wint
daz in die luft nicht netzet.

Sack und stab ist auch darbei
er lug daz er gebeichtet sei
gebeichtet und gebüßet
kumpt er in die welschen lant
er findt kein teutschen priester.

Sant Jacob vergibt uns pein und schult
der liebe got sei uns allen holt
in seinem höchsten trone
der sant Jacob dienen tut
der liebe got sol im lonen.

DER FREMDE

Das Wort »Pilger« leitet sich von dem lateinischen »peregrinus« her und stand ursprünglich für »Fremder«. Der Pilger ist damals wie heute ein Fremder; keiner kennt ihn, und er kennt niemanden. Er weiß nicht, wo er Unterkunft und Verpflegung erhält, ob ihm die Menschen hilfsbereit, gleichgültig oder gar feindselig begegnen und ob es ihm überhaupt gelingt, sein Ziel zu erreichen. Dieses ungewisse Schicksal des Pilgers mag zunächst erschrecken. Aber einmal unterwegs, verschwinden die Zweifel und weichen Tag für Tag einem befreienden Glücksgefühl. Denn der Mensch, der – losgelöst von seinen Bindungen und Fesseln, befreit von Besitz und Sicherheit – sich schutzlos auf sich selbst zurückgeworfen findet, erfährt neben einem Gefühl der Stärke in sich selbst endlich die bisher vergeblich gesuchte Freiheit.

WAS IST DER WAHRE WEG?

Der junge Mönch fragt seinen Lehrer:
»Was ist der wahre Weg?«
»Der alltägliche Weg ist der wahre Weg.«
»Kann ich ihn studieren?«
»Je mehr du studierst, desto weiter entfernst du dich davon.«
»Wenn ich ihn nicht studiere, wie kann ich ihn dann erkennen?«
»Der Weg gehört weder den sichtbaren Dingen an noch den unsichtbaren. Er gehört weder zu den bekannten Dingen noch zu den unbekannten. Suche ihn nicht. Studiere ihn nicht. Um dich auf ihm zu finden, öffne dich so weit wie der Himmel.«

DIE BEGEGNUNGEN

Der »Camino de Santiago« ist ein einsamer Weg – und trotzdem führt er immer wieder hin zu den Menschen. Die Menschen in Spanien sind stolz auf ihren »Camino«. Sie wissen um seine historische Bedeutung und halten seine Tradition bis in die Gegenwart lebendig. So ist der Pilger auf seiner Wanderung durch Dörfer und kleine Städte anfangs erstaunt, wieviel Achtung, oft sogar Bewunderung man ihm entgegenbringt. Kaum jemand, der nicht Anteil an seiner Pilgerreise nimmt. Und da es heißt, es soll Glück bringen, einen Pilger zu berühren, passiert es öfter, daß er von fremden Menschen einfach in den Arm genommen wird. Andere bitten, in Santiago für sie zu beten, oder geben ihm Geldmünzen mit, die er dort für sie in einen Opferstock werfen soll. Niemand geht am Pilger vorbei, ohne ihm Glück auf den Weg nach Santiago zu wünschen, und selbst der mit seiner Feldarbeit beschäftigte Bauer ruft ihm zu: »Suerte por el camino!«

So gewinnt der Pilger das Gefühl, die Entbehrungen und Strapazen nicht nur für sich allein auf sich zu nehmen, sondern stellvertretend für andere auch.

DIE DÖRFER

In Spanien gehören Dörfer und Städte zwei verschiedenen Epochen an. Auf dem Land ist die Vergangenheit noch lebendig. So als hätte es keine Entwicklung gegeben, leben die Menschen dort auf eine seit Jahrhunderten fast unveränderte Weise. In den Städten dagegen beginnt der Fortschritt mit dem traditionellen Erbe zu brechen. Wer da vom Bewahren des Alten spricht, wird meist nur belächelt. Spanien hat diese zwei Fenster: durch eines kann man in die Vergangenheit blicken, durch das andere in die neue Zeit. Der Pilger, dem körperliche und geistige Bewegung eins geworden sind, wird den Fortschritt eher als eine Fehlentwicklung unserer Zeit begreifen. Er, der es lernt, seine Bedürfnisse und Wünsche auf das Wesentliche zu beschränken, fühlt sich deshalb den kleinen Dörfern Spaniens in der Seele verbunden.

DAS PILGERRECHT

Der Wanderer, der eine weite, einsame Landschaft durchquert, nähert sich immer wieder erwartungsfroh jeder menschlichen Ansiedlung. Dort hofft er alles zu bekommen, was er unterwegs entbehrte: Essen, Trinken, Gespräche und, wenn es Abend wird, ein Nachtlager.
Seine Hoffnungen werden nur selten enttäuscht, denn das Gastrecht wurde schon im 12. Jahrhundert in dem berühmten Pilgerführer »Sancti Jacobi« genaustens festgeschrieben: »Die Pilger, seien sie nun arm oder reich, die vom Grab des heiligen Jakobus zurückkehren oder dorthin unterwegs sind, müssen von allen Menschen mildtätig und barmherzig aufgenommen und hochgeachtet werden. Denn wer jene aufnimmt und mit Eifer beherbergt, wird nicht nur den heiligen Jakobus, sondern den Herrn selbst als Gast haben, wie es der Herr im Evangelium sagt: *Wer euch aufnimmt, nimmt mich auf.*«
Wer gegen diese Regeln verstieß, mußte mit dem Zorn Gottes und seiner Strafe rechnen. Trotzdem gab es immer wieder eigensüchtige und geizige Menschen, die den Pilgern ihr Gastrecht verweigerten. So geschah es, daß einmal ein ganzes Dorf abbrannte. Nur die Hütte des Ärmsten blieb verschont; denn er war der einzige, der den Pilgern Obdach gewährte.

DER AUSZUG INS GELOBTE LAND

Im gleißenden Mittagslicht bewegt sich ein dunkles Etwas auf dem Pilgerpfad. Es sind Raupen des Prozessionsspinners, die den Weg queren, viele auf der Suche nach einem Eichenbaum mit frischen Blättern, den sie noch nicht kahlgefressen haben. Es scheint, als würden die meisten Tiere unterwegs umkommen: verhungern, verdursten, verdorren. Eine Prozession Sterbender unter sengender Sonne. Einem Symbol gleich, weckt dieser Raupenzug archaische Empfindungen – Erinnerungen an Vorzeiten, als Menschen ins Ungewisse aufbrachen, um sich auf der Suche nach immer neuen Lebensquellen über die ganze Erde zu verbreiten. Viele blieben auch zurück oder gingen zugrunde, aber es genügte, wenn einige wenige überlebten.

Noch eine andere Vorstellung entsteht beim Anblick des Zuges der Raupen: Wüstenmärsche verzweifelter Menschen. Mose war es, der auf dem Weg ins Gelobte Land die Israeliten einst durch die Wüste führte. Dann – der Todeszug der Armenier, als Türken ein ganzes Volk zur Vernichtung in die Wüste trieben, oder der afrikanische Stamm der Herero, den deutsche Truppen auf Befehl ihres Kaisers mit Frauen und Kindern ohne Erbarmen in die Kalahari-Wüste jagten.

Das Raupenband wird dünner, und nur ein zarter Seidenstreifen bleibt auf dem Boden zurück. Gesponnen von den Vorauseilenden, weist er wie ein Ariadnefaden auch den letzten noch den Weg.

DIE ÖFFNUNG DER SINNE

Vieles, was im alltäglichen Leben so ungeheuer wichtig scheint, verliert für den Pilger unterwegs seine Bedeutung. Dafür bekommt anderes, was er früher gar nicht beachtete oder kannte, Vorrang. Er lernt, in die Ferne zu sehen und gleichzeitig die Nähe wahrzunehmen. Damit schärft er seinen Blick auch für die kleinen Dinge am Wegesrand. Diese Öffnung seiner Sinne und Empfindungen, das Einbezogensein in die Natur, gehört zu den wichtigen Erfahrungen seiner Pilgerschaft. In der freien Landschaft, dem Wettergeschehen preisgegeben, fühlt er sich allmählich sicherer als im fragwürdigen Schutz seines Zuhauses. Der Wechsel von Tag und Nacht, das Erleben der Dämmerung am Abend und am Morgen vermitteln ihm ein Gefühl, als würde er Zwiesprache mit der Erde halten.

ÜBER BRÜCKEN

Bevor man Brücken baute, waren Flüsse, vor allem bei Hochwasser, oft unpassierbare Hindernisse für den Pilger. Die von der Königin Doña Mayor gestiftete Brücke »punte de la reina« wölbt sich seit 900 Jahren über den Fluß Rio Arga. In vollkommener Harmonie sind die einzelnen Bögen so bemessen, daß sie mit der Spiegelung im Wasser einen Kreis bilden. Die Baumeister des 11. Jahrhunderts wußten eben von der idealen Verbindung von Schönheit und Funktion.

Im warmen Licht der Nachmittagssonne leuchten die Steine der alten Brücke in honiggelbem Ton. Manchmal, so erzählen sich die Leute, erscheint ein fremdartiger Vogel. Ohne sich von den Menschen und ihren Tätigkeiten einschüchtern zu lassen, fliegt er auf die Brücke und säubert mit seinem Schnabel die Steine. Vom Fluß trägt er Wasser in seinem Gefieder herbei und schüttet es über das Mauerwerk. Emsig putzt er das Gemäuer, bis es wieder rein und glänzend geworden ist. Dann wissen die Menschen, daß ihnen gute Jahre bevorstehen. Seit langem, so sagt man, ist der Vogel nicht mehr gesehen worden.

DIE SPUREN

Schon vor mehr als tausend Jahren sind Menschen hier entlanggegangen. Mit viel Mut, Willenskraft und Gottvertrauen nahmen sie Entbehrungen und sogar tödliche Gefahren auf sich. Manch einer schleppte sich mühselig vorwärts, andere eilten voraus, dem großen Ziel entgegen: Santiago de Compostela. Noch Jahrhunderte danach glaubt man ihre Schritte zu hören und ihre wandernden Gestalten schemenhaft zu erkennen. Und selbst ihre Stimmen scheinen noch gegenwärtig zu sein: Gebete, Gesänge und Seufzer, Unterhaltungen, Geplauder, Hilferufe und – Schweigen. Jeder Mensch, der auf diesen Steinen gegangen ist, hat seine Spuren hinterlassen. Die frühen Spuren sind verdeckt von den späteren, so wie unsere es eines Tages auch sein werden.

DIE KUNST

Seit dem 9. Jahrhundert bewegen sich Pilgerzüge aus ganz Europa zum Grab des heiligen Jakobus in Santiago de Compostela. In ihrem Gefolge kam es zu einem regen kulturellen Austausch unter den Völkern, und mit dem Reichtum, den die Pilger ins Land brachten, wurden selbst in abgelegenen Gebieten bedeutende Bauwerke errichtet. Vor allem die sakrale Baukunst wurde durch den Kult um den heiligen Jakobus inspiriert, und die plastischen Ausschmückungen der Portale und Kapitelle waren natürlich religiösen Themen vorbehalten: die biblische Heilsgeschichte, Engel und Teufel, Heilige und Dämonen. Eine Ausnahme bilden jedoch die profanen Figuren am Portal der Jakobskirche in Carrion de Condes. Zweiundzwanzig Handwerker mit ihren Werkzeugen und Produkten zieren hier den mittleren Bogenlauf.

Folgt man einem alten Pilgerführer aus jener Zeit, müßten die Bewohner Carrion de Condes sehr wohlhabend gewesen sein: »...der Ort ist sehr reich, es fehlt weder Brot noch Wein, und selbst Fleisch ist im Überfluß vorhanden.« Vielleicht gab ihnen ihr Reichtum das Selbstbewußtsein, nicht nur Himmel und Hölle darstellen zu lassen, sondern sich selbst, als erfolgreiche Handwerker.

Aber ganz ungeschoren kommen auch sie nicht davon; denn von den Kapitellen oben droht Unglück. Es sind Ungeheuer, die Menschenleiber zerfleischen und verschlingen. So wird das Reale sofort wieder vom Phantastischen durchkreuzt, die Wirklichkeit mit dem Irrealen verwoben. Dem Menschen zur Warnung, sich nicht durch Wohlstand und Reichtum von seinem Weg zu Gott abbringen zu lassen.

DUM PATER FAMILIAS

Dum pater familias,
rex universorum,
donaret provincias
ius apostolorum
Jacobus Hispanias
lux illustrat morum.

Jacobo dat parium
omnis mundus gratis
ob cuius remedium
miles pietatis
cunctorum praesidium
est advota satis.

O beate Jacobe
virtus nostra vere
nobis hostes remove
tuos ac tuere
ac devotos adhibe
nos tibi placere.

Herru Sanctiagu,
grot Sanctiagu,
e ultreya,
e sus eya,
Deus aia nos.

Als Gottvater, der Herrscher
des Himmels, die Statthalter-
schaft über die Länder und die
Apostel verteilte, sandte er
Jakobus als leuchtendes
Vorbild nach Spanien.

Die ganze Welt sagt Jakobus
gerne Dank.
Durch seine Hilfe ist der
Kämpfer für Frömmigkeit
der Beschützer aller
und guter Beistand.

O heiliger Jakobus,
unsere Heilung,
halte Feinde von uns fern
und schütze die Deinen
und halte uns an,
dir treu ergeben zu sein.

Herr Sankt Jakob,
großer Sankt Jakob,
jetzt
und immerdar,
Gott helfe uns.

DIE VERSUCHUNG

Da im Mittelalter fast niemand lesen und schreiben konnte, ersetzten Bilder die Bücher. Es waren besonders die bildhaften Darstellungen an den Portalen und Kapitellen der Kirchen, die das Denken und Fühlen der Menschen jener Zeit beeinflußten. Die plastischen Szenen zeigen Laster und Tugend, Glaube und Verzweiflung, List, Trug und Bosheit, Vergebung und Liebe, das Chaos und die Ordnung, den Alptraum und die Rettung, das Teuflische und das Göttliche. Alle Abgründe und Höhen menschlichen Verhaltens wurden gestaltet. Besonders eindrucksvoll gelang die Darstellung der Versuchung und die Bestrafung derer, die ihr erlegen sind. Teufel, Dämonen und Bestien ergreifen vom Leib des Menschen Besitz. Es sind Symbole, die wir heute in ihrem ursprünglichen Sinngehalt nicht mehr ganz verstehen. Die Menschen waren zu früheren Zeiten viel empfänglicher für die verschlüsselten Bilder, sie sahen und begriffen sie anders als wir. Was wir heute als Kunstwerk bewundern, war für unsere Vorfahren eine Bibel. Kunst war Gottesdienst.

DAS WASSER

Die Sonne steht im Zenit und brennt erbarmungslos auf die Erde. Die Pflanzen welken. Der Boden ist steinhart und wegen der Hitze und Trockenheit in viele einzelne Schollen zersprungen. Keine Bäume, die Schatten spenden. Nur eine sonnendurchglühte Ebene bis zum Horizont. Es ist die Meseta, die kastilianische Hochfläche zwischen den Städten Burgos und León. Im Mittelalter, wie heute, für Pilger ein schwieriger Wegabschnitt. Die schlimmste Plage ist der Durst. Denn in dieser kaum besiedelten Gegend gibt es nur wenige Wasserstellen. Gerade für Pilger unserer Zeit stellt diese Entbehrung eine Erfahrung besonderer Art dar. Wer es gewohnt ist, einfach den Wasserhahn aufzudrehen, weiß nicht mehr zu schätzen, wie kostbar Wasser sein kann. Erst durch das Erleben des Mangels am eigenen Leib, durch den Durst, wird ihm Wasser als lebensnotwendiges Element bewußt.
Inmitten eines Dorfes, am Rande der Meseta, bittet der Pilger eine Frau um Wasser. Bereitwillig füllt sie seine Wasserflasche. Als sie wieder ans Gartentor tritt, gibt sie ihm die volle Flasche zurück, reicht ihm zusätzlich ein Glas, gefüllt mit kaltem, perlendem Wasser, und sagt: »Das Wasser in der Flasche mag Ihren Durst später stillen, das Glas Wasser jedoch ist gegen den Durst, der Sie zu meinem Haus geführt hat.«

DER EINTRITT IN DIE STILLE

Die Dörfer liegen oben auf den Kuppen der Hügel. Aus der Ferne gesehen, erscheinen sie dem Betrachter wie Burgen. Dabei umschließen die Häuser die aus der Mitte emporragende Kirche wie ein Festungswall. Nähert sich der Pilger einer dieser Ortschaften, wird immer die Kirche sein erstes Ziel sein. Obwohl er von keinem Menschen im Dorf erwartet wird, gibt es auch für ihn dort eine Tür, durch die er eintreten darf, hinter der er willkommen ist. Zuvor befreit er sich von seinem schweren Gepäck und legt seinen Pilgerstab zur Seite. Er wird von seinem Vorhaben auch dann nicht ablassen, wenn die Kirchentür einmal verschlossen sein sollte, denn auf sein Bitten hin wird sie ihm geöffnet werden. Noch vom hellen, gleißenden Sonnenlicht geblendet, tritt er ins Dunkle, in die Stille. Dann wird ihm bewußt, warum es für ihn so wichtig war, Einlaß zu bekommen. Draußen in der weiten Landschaft mag seine Seele davongeflogen sein, nun kehrt sie wieder zu ihm zurück. War ihm zuvor der eigentliche Sinn seines Pilgerns verlorengegangen, jetzt kennt er ihn wieder. Hier im Gotteshaus findet er Besinnung, Einkehr, Trost und Geborgenheit. Und er erfährt, daß er nicht allein ist. So sind die einfachen Dorfkirchen für den Pilger nicht nur die Einstimmung auf das Ziel, sie bereiten ihn auch innerlich darauf vor, das Erlebnis am Grab des Apostels annehmen zu können. Wer die kleinen Kirchen verfehlt, wird später einmal, am Ziel, auch Santiago nicht recht zu würdigen wissen.

DIE VERHEISSUNG

Licht und Schatten spielen miteinander, berühren und durchdringen sich gegenseitig. Säulen und Bögen gestatten Durchblicke und Einblicke. Die Architektur der Kirchenräume ist dabei nie Selbstzweck, sondern Ausdruck ihrer geistig-religiösen Inhalte. Es sind Sakralräume, die Geborgenheit vermitteln. Sie schützen vor Anfechtung, geben Trost und Hoffnung und bewahren vor Verzweiflung und Heimsuchung. Auf diese Weise tritt der Gläubige in Berührung und Beziehung zum Göttlichen, und mit Scheu, Ehrfurcht und Verehrung hat er teil an der Heiligkeit. Die Verheißung, die er erfährt, nimmt er mit auf seinen Weg.

AUF DEM WEG NACH EMMAUS

Gegangen mit
Dem Sohne des Höchsten, unzertrennlich, denn
Es liebte der Gewittertragende die Einfalt
Des Jüngers und es sahe der achtsame Mann
Das Angesicht des Gottes genau,
Da beim Geheimnisse des Weinstocks, sie
Zusammensaßen, zu der Stunde des Gastmahls,
Und in der großen Seele, ruhigahnend, den Tod
Aussprach der Herr und letzte Liebe, denn nie genug
Hatt er, von Güte zu sagen
Der Worte, damals, und zu erheitern, da
Er's sahe, das Zürnen der Welt.
Denn alles ist gut. Drauf starb er. Vieles wäre
Zu sagen davon. Und es sahn ihn, wie er siegend blickte,
Den Freudigsten die Freunde noch zuletzt.

Friedrich Hölderlin

ZEUGEN DER VERGANGENHEIT

Geheimnisvoll vom Morgennebel verhüllt, macht die Ruine des ehemaligen Klosters San Antón noch immer einen imposanten Eindruck. Aber die lange Geschichte des hochragenden gotischen Bauwerks aus dem 14. Jahrhundert geht allmählich zu Ende. Breite Risse durchziehen die Außenwände, Gewölbe und Zwischenmauern sind zerborsten, und das Dach ist längst eingestürzt.

Wer den Jakobsweg entlanggeht, trifft häufig auf diese Zeugen der Vergangenheit, auf Abbilder einer jahrhundertealten Geschichte. Sie geben uns immer wieder eine Ahnung vom Leben und Denken unserer Vorfahren.

Das Kloster San Antón war, wie alle Klöster der damaligen Zeit, Kultur- und Wissenszentrum zugleich. Die Mönche sammelten nicht nur alte Bücher, sondern schrieben sie auch ab und übersetzten sie. Nur deshalb sind viele Schriften aus der Antike überhaupt erhalten geblieben. In den Klöstern wurden aber auch alle Erkenntnisse des Mittelalters zusammengetragen, bewahrt und weiterentwickelt. Universitäten gleich boten die Klöster vielen befähigten Menschen die Voraussetzungen und die Anregungen, sich weiterzubilden und sich künstlerisch und forschend zu betätigen. Damit leisteten die Klöster des Mittelalters einen wesentlichen Beitrag zur Entstehung der europäischen Kultur.

DIE LANGSAMKEIT DES GEHENS

In unserer Zivilisation ist die Schnelligkeit immer mehr zu einem Fetisch geworden. Nur noch Eile und Geschäftigkeit bestimmen unser Leben. Es gibt kein Innehalten, und nur selten ist Zeit zur Besinnung. Während der vielen Wochen seiner Wanderschaft erfährt der Pilger wieder den Rhythmus einer dem Menschen gemäßen Geschwindigkeit, denn nur beim langsamen Gehen werden seine Sinne frei und öffnen sich den vielfältigen Eindrücken, die aus der Umwelt auf ihn einströmen. Schritt für Schritt gewinnt der Pilger neue Erfahrungen, neue Einsichten, und er hat dabei die Muße, über sich selbst nachzudenken, sich selbst zu finden. Sein Horizont weitet sich: nach außen wie nach innen.

EN TODO TEMPO

En todo tempo faz ben
a Virgen que nos manten.

Dest un miragre precado
vos será per mi mostrado
que fez por un ordӯado
a mui comprida de sen.

De missa o malfadado
era, mas por seu pecado
a lussuria tan deitado
que non dava por al ren.

Hua noit'o desguisado
foi fazer, e pois entrado
Pero non foi arribado
ca o barco foi tornado
e el na agu'afogado.

Mais a Madre do onrrado
Jeso-Christ'a seu chamado
vẽo, e o denodado
demo logo fugui en.

U ela ressucitado
ouv'o morto e sacado
do rio, que ja buscado
fora daquend'e dalen.

Die Jungfrau, unsere Beschützerin,
tut Gutes stets und immerdar.

Davon will ich ein großes
Wunder euch berichten,
das die stets Tugendhafte
für einen Priester getan hat.

Der Unglückselige sollte die Messe
lesen, war aber so der Sünde
und der Wollust hingegeben,
daß er sein Amt völlig vergaß.

Eines Nachts ging er auf Abenteuer aus
und kehrte heim in einem Boot.
Doch ehe er am anderen Ufer ankam,
war das Boot umgekippt,
und er ertrank im Wasser,

Doch Christi hochverehrte Mutter
erhörte seinen Hilferuf,
und als sie kam, ergriff der
schlimme Teufel rasch die Flucht.

Den Toten, den man schon überall
suchen ließ, hat sie zum Leben
wiederum erweckt und hat ihn
aus dem Fluß gezogen.

DIE SCHÖPFUNG

Das hautnahe Erleben der Natur gehört für den Pilger zu den wichtigsten und beglückendsten Erfahrungen seiner Wanderung. Er entdeckt die Schönheit von Pflanzen und Tieren, und selbst das Verborgene zwischen den Steinen ist der Beachtung wert. Die Begegnung mit der Schöpfung, von der auch wir ein Teil sind, wird zur Quelle der Freude und Beglückung. Die Seele wirft den Ballast ab, der sie sonst so oft bedrückt, und wir fühlen uns frei und doch zugleich verbunden mit allem.

RAZON AN DE SEEREN

En terra d'Alemanna
un mercador onrrado
ouve, rico sobejo
e muit' enparentado
mas du' anfermedade
foi atan mal parado.

El en esto estando
vui que gran romaria
de gente de sa terra
a Santiago ya
e que con eles fosse
mercee lles pidia.

E a medes fezeron
log' en que o levavan
e pera Santiago
ssas jornadas fillivan
e a mui grandes pẽas
all'a con el chegavan
mas non quis que guarisse
Deus, polos seus pecados.

Depois de Santiago
con ele sse tornaron
e quand'en Carron foron
ar cego o acharon
e de o y le xaren.

Que el mui grandes dava
chamando »Gloriosa«
e chorando mui forte
Mas a mui preciosa
o oyu e sãou-o
come mui poderosa
por que quantos y eran
foron maravillados.

In Deutschland
war ein ehrenhafter,
reicher Kaufmann,
der eine große Familie hatte,
aber durch ein Unglück wurde er
schwer krank und arm.

In diesem Zustand sah er,
wie sich eine große Menge Leute
auf die Wallfahrt
nach Santiago machte.
Er bat sie, mit ihnen
gehen zu dürfen.

Sie gingen lange,
und die Tage verstrichen.
Nach vielen Strapazen
kamen sie in Santiago an.
Wegen seiner
großen Sünden
wollte Gott ihm
aber nicht helfen.

Nachdem sie in Santiago
gewesen waren,
kehrten sie mit ihm zurück.
In Carron beschlossen sie,
ihn zurückzulassen.

Er weinte verzweifelt
und rief: »Glorreiche!«
Die heilige Jungfrau
erhörte ihn
und heilte ihn.
Alle, die das
Wunder sahen,
waren sehr erstaunt.

DIE ÜBERWINDUNG DER SCHWÄCHE

Der Camino de Santiago führt durch gebirgiges Land, und auf seinem Weg sind drei hohe Pässe zu bewältigen. Die Schwierigkeiten der langen Wanderung fordern nicht nur die körperlichen Kräfte des Pilgers, sondern mehr noch seine Willenskraft. Erst durch die Überwindung der Schwäche und des Zweifels erreicht er die notwendige Stärke. Er erfährt seine eigene innere Wirklichkeit, die ihm zuvor nicht zugänglich war. Die Selbstüberwindung öffnet seinen Geist, und die tieferen Schichten seines Bewußtseins werden ihm erfahrbar. Vielleicht erlebt er auch einen Zustand der Entrückung, des Außer-sich-selbst-Seins. Es ist ein Befinden in unbedingter Klarheit, das ihn wissen läßt, wer er ist und wohin er geht. Sein bisheriges Bezugssystem schwindet; alle Probleme und Befürchtungen werden gegenstandslos. Er geht ein in die Schöpfung und schwingt in ihrem Rhythmus. Seine Sehnsucht und sein Suchen haben ihr Ziel gefunden – er hat den Raum betreten, wo Himmel und Erde einander berühren.

RAST AUF DER FLUCHT IN ÄGYPTEN

Diese, die noch eben atemlos
flohen mitten aus dem Kindermorden:
o wie waren sie unmerklich groß
über ihrer Wanderschaft geworden.

Kaum noch daß im scheuen Rückwärtsschauen
ihres Schreckens Not zergangen war,
und schon brachten sie auf ihrem grauen
Maultier ganze Städte in Gefahr;

denn so wie sie, klein im großen Land
– fast ein Nichts –, den starken Tempeln nahten,
platzten alle Götzen wie verraten
und verloren völlig den Verstand.

Rainer Maria Rilke

DIE ANKUNFT

Drei Tage und Nächte leuchtete das himmlische Licht über dem »campus stellea«, dem Sternenfeld, bis dort das Grab des Apostels Jakob gefunden wurde. Was mit einer Legende begann, führte zu einer Bewegung, die das ganze christliche Europa erfassen sollte. Der Einfluß des Jakobsweges auf Architektur und Bildhauerkunst, Literatur, Musik und Malerei, Wissenschaft, Wirtschaft und Politik wirkt bis zum heutigen Tag fort. Dort, wo sich das Grab einst befand, wurde eine Kirche gebaut, die im Verlauf der Jahrhunderte immer größer, höher und kostbarer wurde. Rundherum entstand eine Stadt – Santiago de Compostela. Sie wurde später neben Jerusalem und Rom das wichtigste religiöse Zentrum der christlichen Welt. Mit zunehmender Aufklärung verlor Santiago seine ursprüngliche Bedeutung, und die Pilger wurden weniger und weniger. Seit einigen Jahren jedoch werden es wieder mehr Menschen, die nach Santiago gehen. Ihre Beweggründe mögen andere sein als die früherer Pilger. Und trotzdem, einmal auf dem Weg, stellt sich bald ein Gefühl der Verbundenheit ein mit den Vorausgegangenen. Denn das Wissen um die vergangenen Jahrhunderte, das unbekannt in den tieferen Schichten eines jeden Menschen gespeichert ist, kann während des Gehens auf dem alten Pilgerweg einsichtig werden. Mit dem Bewußtwerden der Wurzeln seiner Herkunft lernt er sich und seine Welt besser begreifen und verstehen.

CONGAUDEANT CATHOLICI

Congaudeant catholici
letentur civis celici
die ista

Clerus pulchris carminibus
studeat atque cantibus
die ista

Hec est dies laudabilis
divina luce nobilis
die ista

Qua Iacobus palacia
ascendit ad celestia
die ista

Vincens Herodis gladium
accepit vitae bravium
die ista

Ergo carenti termino
benedicamus domino
die ista
Deo dicamus gratias

Es freue sich die Christenheit
und der Himmel jauchze
an diesem Tag

Die Geistlichkeit stimme ein
mit schönen Liedern und Gedichten
an diesem Tag

Dies ist der lobenswerte Tag
durch göttliches Licht erhellt
an diesem Tag

Der heilige Jakobus steigt auf
zum himmlischen Palast
an diesem Tag

Er besiegt das Schwert Herodes'
und erlangt den Preis des Lebens
an diesem Tag

Darum ohne Unterlaß
laßt uns rühmen den Herrn
an diesem Tag
Laßt uns Gott danken

AM ENDE DER WELT

Der Legende nach hat das Schiff mit dem Leichnam des heiligen Jakobus bei Finisterre angelegt. Bis zur Überquerung des Atlantiks war das Kap »finis terrae« in der Vorstellungswelt der Menschen des Mittelalters tatsächlich das Ende der Welt. Auch damals schon wanderten viele Pilger von Santiago aus weiter bis an dieses Kap, wo sich der Ozean schier grenzenlos öffnet. Die Faszination muß groß gewesen sein, am äußersten Rand des Irdischen zu stehen, und mit einem kaum zu ertragenden Schauder wird sich ihr Blick in die Ferne gerichtet haben, mit einer Ahnung von Unendlichkeit und dem allerletzten Ziel, der Ewigkeit. Für uns hat Finisterre bereits viel von seinem Geheimnis verloren, denn längst kennen wir die Kugelform der Erde und wissen um die Verteilung von Wasser und Land. Paradoxerweise ist mit diesem Wissen die Erde nicht größer, sondern begrenzter geworden. Dennoch wird jeder, der auch heute den langen Weg bis Finisterre geht, eine Ahnung in sich spüren von dem Geheimnis unserer Existenz. Der Pilger, der Raum und Zeit mit seinen Schritten durchmißt, erkennt, daß es für ihn auf der Erde kein Ziel gibt, sondern nur den Weg. Er begreift, wie flüchtig unser Dasein ist. Aber gerade diese Erkenntnis könnte ihm die Kraft und die Freiheit geben, sein Leben nicht mit der Befriedigung falscher Bedürfnisse zu vergeuden, sondern das für ihn Wesentliche zu erkennen und zu tun.

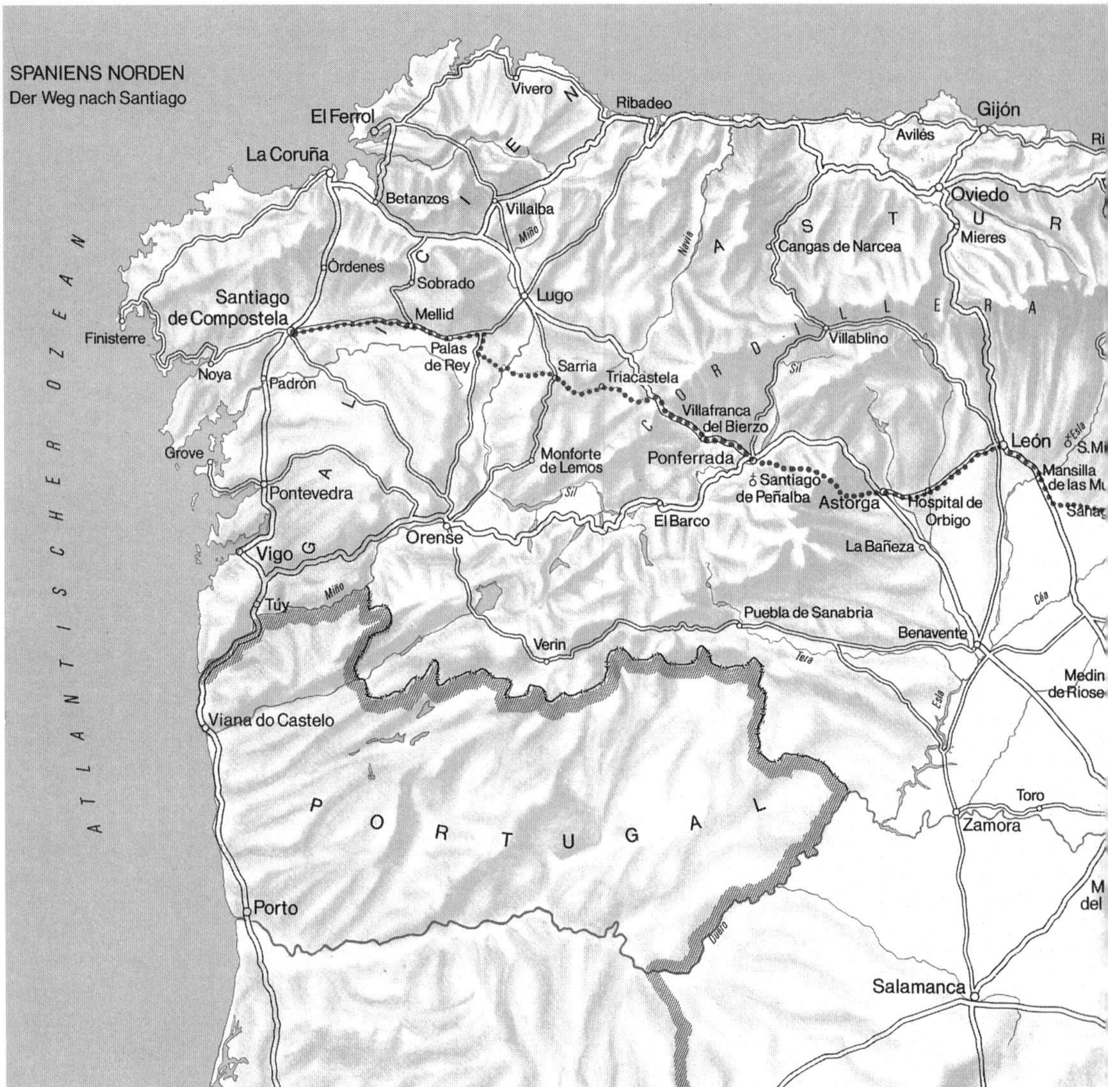
SPANIENS NORDEN
Der Weg nach Santiago
ATLANTISCHER OZEAN
GALICIEN
CORDILLERA
ASTUR
PORTUGAL
El Ferrol
La Coruña
Vivero
Ribadeo
Gijón
Avilés
Oviedo
Mieres
Cangas de Narcea
Betanzos
Villalba
Miño
Órdenes
Sobrado
Lugo
Santiago de Compostela
Finisterre
Mellid
Palas de Rey
Noya
Padrón
Sarria
Triacastela
Navia
Villablino
Sil
Villafranca del Bierzo
Ponferrada
Santiago de Peñalba
Astorga
Hospital de Orbigo
León
Esla
Mansilla de las Mu
Grove
Monforte de Lemos
Pontevedra
Orense
El Barco
La Bañeza
Vigo
Túy
Puebla de Sanabria
Verin
Benavente
Tera
Cea
Viana do Castelo
Toro
Zamora
Porto
Duero
Salamanca

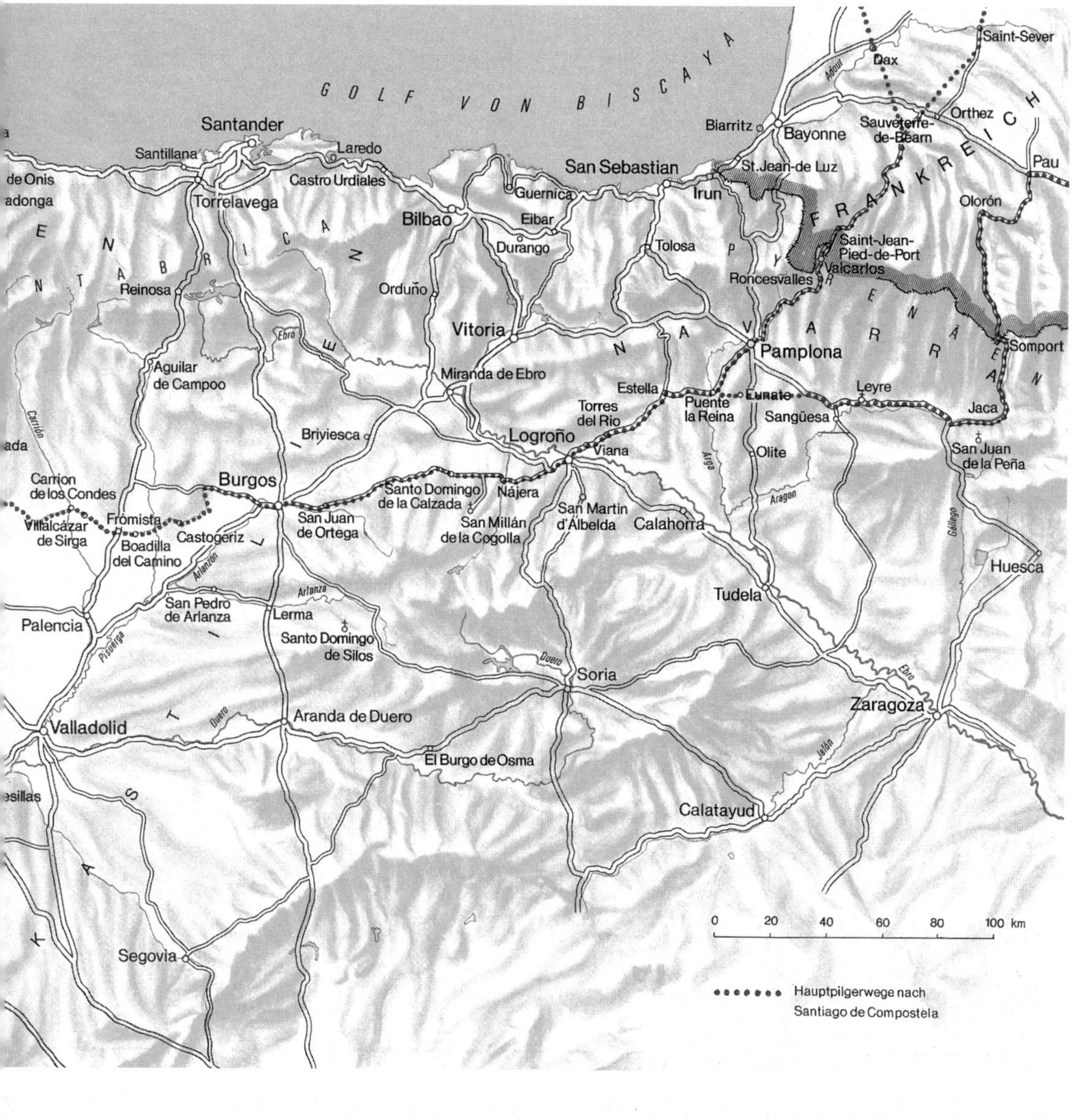
GOLF VON BISCAYA
Santander
Santillana
Laredo
Castro Urdiales
Torrelavega
Bilbao
Guernica
Eibar
Durango
San Sebastian
Irun
Tolosa
Biarritz
Bayonne
St.Jean-de Luz
Dax
Saint-Sever
Orthez
Sauveterre-de-Béarn
Pau
Olorón
Saint-Jean-Pied-de-Port
Valcarlos
Roncesvalles
Somport
Jaca
FRANKREICH
PYRENÄEN
NAVARRA
KANTABRISCHES
Reinosa
Orduño
Vitoria
Ebro
Aguilar de Campoo
Miranda de Ebro
Pamplona
Estella
Puente la Reina
Eunate
Leyre
Sangüesa
Torres del Rio
Logroño
Viana
Olite
San Juan de la Peña
Briviesca
Burgos
Santo Domingo de la Calzada
Nájera
San Millán de la Cogolla
San Martin d'Albelda
Calahorra
San Juan de Ortega
Carrion de los Condes
Villalcázar de Sirga
Frómista
Castogeriz
Boadilla del Camino
Palencia
San Pedro de Arlanza
Lerma
Santo Domingo de Silos
Tudela
Huesca
Soria
Zaragoza
Valladolid
Aranda de Duero
El Burgo de Osma
Calatayud
Segovia
Duero
Pisuerga
Arlanzón
Arlanza
Aragon
Arga
Gállego
Jalón
Adour
Carrión
0 20 40 60 80 100 km
Hauptpilgerwege nach Santiago de Compostela

Die Bilder

Seite 5: Landschaft in der Provinz Navarra
Seite 7: Pilgerweg in der Provinz Navarra, im Hintergrund Dorfkirche
Seite 9: Schäfer in der Provinz Navarra
Seite 11: Altstadt von Pamplona, Provinzhauptstadt von Navarra
Seite 13: Pilgergruppe auf dem Weg nach Compostela, Detail an der Kirchentür »Hospital de Rey« in Burgos, Provinz Kastilien
Seite 15: Mädchen bei einer Prozession in Villalcázar de Sirga
Seite 17: Holztor mit Hofhund in Castrojeriz
Seite 19: »Käseprobe«, Wochenmarkt in Mezquiriz, Provinz Navarra
Seite 21: Raupen des Eichenprozessionsspinners, unterwegs auf der Suche nach einem Eichenbaum in den Montes de Oca bei San Juan de Ortega
Seite 23: Orchidee, Ophrys tenthredinifera
Seite 25: Romanische Brücke aus dem 11. Jahrhundert in Puente la Reina
Seite 27: Pilgerweg bei Cirauqui, Wegabschnitt aus der Römerzeit
Seite 29: Detail am romanischen Portal der Jakobskirche in Carrion de Condes
Seite 31: Prozession in Villalcázar de Sirga, im Hintergrund Portal der Kirche María la Blanca
Seite 33: Detail eines romanischen Kapitells
Seite 35: Dorfbrunnen
Seite 37: Öffnen der Kirchentür in Redecilla del Camino
Seite 39: Chorraum der Kirche El Salvador in Vilar de Donas
Seite 41: Romanische Reliefplatte in Santa Domingo de Silos
Seite 43: Klosterruine San Antón, ca. 6 km westlich von Hontanas in der Meseta
Seite 45: Wildgräser
Seite 47: Finisterre, Blick über den Atlantik nach Westen mit dem letzten Felsen des europäischen Festlandes
Seite 49: Perleidechse in den Bergen von León
Seite 51: Santa María la Real, romanisches Holzschnitzwerk aus dem 12. Jh. in der Kirche von Cebreiro
Seite 53: Berglandschaft mit Ginster, Sierra de Ancares an der Grenze zur Provinz Galicien
Seite 55: Detail eines romanischen Kapitells in Estella
Seite 57: Die Kathedrale in Santiago de Compostela
Seite 59: Der heilige Jakob, Detail am romanischen Portal der Kathedrale in Santiago de Compostela, Pórtico de la Gloria
Seite 61: Nachtaufnahme bei Finisterre

Titelfoto: Kreuz, Landschaft bei Astorga